AF132015

Lo strano caso del dottor Jekyll e del signor Hyde

· · · · · · · · · · · · · · ·

ROBERT LOUIS STEVENSON

ANALISI DEL LIBRO

Scritto da Marie-Pierre Quintard
Tradotto da Sara Rossi

Lo strano caso del dottor Jekyll e del signor Hyde

ROBERT LOUIS STEVENSON

ROBERT LOUIS STEVENSON

SCRITTORE SCOZZESE

- **Luogo e data di nascita: Edimburgo, 1850**
- **Luogo e data di morte: Vailima (Isole Samoa), 1894**
- **Opere principali:**
  - *Viaggi con un asino nelle Cévennes* (1879), scritti di viaggio
  - *L'isola del tesoro* (1883), romanzo
  - *Lo strano caso del dottor Jekyll e del signor Hyde* (1886), novella

Robert Louis Stevenson (1850-1894), scrittore scozzese e appassionato viaggiatore, per scrivere i suoi racconti si ispirò ai ricordi dei suoi viaggi in Francia, in America e nelle isole Samoa. Da giovane adulto e in condizioni di salute precarie, abbandonò gli studi per dedicarsi alla scrittura. Le sue storie ritmiche e irrealistiche erano innovative per l'epoca.

"Viaggi con un asino nelle Cévennes" (1879), *"L'isola del tesoro"* (1883) e *"Lo strano caso del dottor Jekyll e del signor Hyde"* (1886) sono tra le sue opere più note. Stevenson fu anche autore di saggi di teoria letteraria, oltre che di scritti descrittivi e documentari sulle isole del Pacifico; Stevenson fu uno dei primi europei a difendere i nativi delle isole Samoa dalle potenze coloniali.

LO STRANO CASO DEL DOTTOR JEKYLL E DEL SIGNOR HYDE

UNA NOVELLA FILOSOFICA IN CUI FANTASY E CRIME FICTION SI INCONTRANO

- **Genere:** novella

- **Edizione di riferimento:** Stevenson, R. L. (2003) *Lo strano caso del dottor Jekyll e del signor Hyde*. Londra, Penguin Classics.

- **Prima edizione:** 1886

- **Temi:** dualità, conformismo, morale, libertà, pulsioni, tentazione

"Lo strano caso del dottor Jekyll e del signor Hyde" è un racconto che è stato molto apprezzato fin dalla sua pubblicazione e continua ad affascinare i lettori per il suo carattere fantastico e le sue sfumature criminali, filosofiche e religiose. Il testo racconta la storia di uno scienziato che, ossessionato dalla dualità del suo essere, composto da bene e male, decide di separare fisicamente questi due esseri. Le teorie dualiste, il libero arbitrio, lo sguardo dell'"Altro", il conformismo sociale, le tentazioni a cui l'uomo è sottoposto e le debolezze della volontà umana sono altri punti che vengono trattati nel corso dell'opera e che continuano a incuriosire i lettori di tutte le età.

SINTESI

CAPITOLO 1 – STORIA DELLA PORTA

L'opera inizia presentando l'avvocato Utterson che, durante una passeggiata con l'amico Enfield, finisce davanti a una porta che ricorda a quest'ultimo una storia. Un giorno aveva visto un uomo picchiare una bambina. L'uomo si era poi offerto di risarcire la vittima. Per farlo, era passato proprio da quella porta e ne era uscito con denaro e un assegno con un nome "molto noto e spesso stampato" (p. 7), che Enfield preferisce non rivelare. Tuttavia, rivela il nome dell'aggressore: Hyde. Utterson sembra esitare quando sente questa storia e conferma di conoscere la persona che vive nella casa. I due amici concordano di non parlarne più.

CAPITOLO 2 – ALLA RICERCA DEL SIGNOR HYDE

Utterson è preoccupato dalle disposizioni del testamento del suo amico Jekyll: in caso di morte o scomparsa, tutti i suoi beni sarebbero andati a Edward Hyde. La storia raccontata da Enfield accresce i suoi timori, poiché si trattava della porta della casa di Jekyll. Decide di osservarla e finisce per sorprendere Hyde. Questi gli conferma di vivere in un'altra zona. Utterson vuole allora vedere Jekyll, ma il maggiordomo, Poole, gli spiega che è via e che Hyde ha le chiavi di casa. Utterson decide di indagare sull'identità di Hyde.

CAPITOLO 3 – IL DOTTOR JEKYLL ERA PIUTTOSTO A SUO AGIO

Durante una serata organizzata da Jekyll, Utterson cerca di ottenere maggiori informazioni su Hyde. Jekyll si rifiuta di parlarne e chiede a Utterson di rispettare le disposizioni del suo testamento.

CAPITOLO 4 – IL CASO DELL'OMICIDIO CAREW

Un anno dopo l'incontro tra Utterson e Hyde avviene un delitto. La vittima è Danvers Carew, membro del Parlamento e il criminale, riconosciuto da una cameriera, è il signor Hyde. Egli picchia la vittima con il suo bastone, la cui metà è stata trovata vicino al corpo. Utterson riconosce il bastone: è un regalo che aveva fatto a Jekyll. Si reca con un ispettore di polizia all'indirizzo di Hyde, ma questi è scomparso, lasciando dietro di sé l'altra metà del bastone e un libretto di assegni distrutto. Non ha più dubbi sull'identità del criminale.

CAPITOLO 5 – L'INCIDENTE DELLA LETTERA

Utterson va a trovare Jekyll, che è molto malato. Insiste sul fatto di aver interrotto ogni contatto con Hyde, che tuttavia gli ha inviato una lettera, senza timbro postale, per fargli sapere che è al sicuro da qualsiasi persecuzione giudiziaria, ma Poole conferma che il postino ha consegnato solo "circolari" (p. 35). Un amico di Utterson, esperto di calligrafia, esamina la lettera inviata a Jekyll da Hyde e un invito scritto da Jekyll. Egli conferma che la scrittura è la stessa.

CAPITOLO 6 – IL NOTEVOLE INCIDENTE DEL DOTTOR LANYON

Il tempo passa senza che Hyde dia notizie. Utterson continua a vedere i suoi amici, ma Jekyll decide bruscamente di non frequentare più nessuno. Lanyon, un amico comune, non vuole più sentire o parlare di Jekyll e muore poco dopo per una malattia inaspettata. Utterson decide di aprire una lettera inviata da Lanyon prima della sua morte. All'interno, trova una lettera da leggere solo dopo la morte di Jekyll.

CAPITOLO 7 – INCIDENTE ALLA FINESTRA

Durante una passeggiata, Utterson ed Enfield decidono di entrare nel cortile della casa di Jekyll, che vedono alla finestra. Egli vuole parlare con loro, ma il suo volto improvvisamente impallidisce e chiude la finestra. I due amici lasciano il cortile in silenzio.

CAPITOLO 8 – L'ULTIMA NOTTE

Utterson va a trovare Jekyll su richiesta di Poole. Il maggiordomo pensa che il suo padrone sia stato ucciso, poiché la voce della persona nell'armadietto di Jekyll, sempre chiuso, non è quella di Jekyll. Inoltre, ha visto un piccolo individuo mascherato all'interno. Utterson e Poole sfondano la porta dell'armadietto e trovano Hyde, nei panni di Jekyll, in fin di vita. Ha assunto un farmaco per uccidersi. Non c'è traccia del corpo di Jekyll. Utterson scopre una lettera scritta dall'amico, che gli lascia tutta la sua fortuna e gli chiede di leggere il racconto contenuto nella busta inviata da Lanyon.

CAPITOLO 9 – IL RACCONTO DEL DOTTOR LANYON

La lettera inviata da Lanyon dice che Jekyll gli ha chiesto di andare nel suo laboratorio a prendere un cassetto che doveva consegnare a qualcuno che sarebbe venuto a casa sua a mezzanotte. La persona in questione era Hyde, che preparò una miscela dei prodotti del cassetto in questione. Poi chiese a Lanyon se volesse soddisfare la sua curiosità scientifica. Alla sua risposta affermativa, Hyde bevve la miscela e si trasformò in Jekyll.

CAPITOLO 10 – L'ESPOSIZIONE COMPLETA DEL CASO DA PARTE DI HENRY JEKYLL

Il capitolo finale è la confessione che Jekyll scrisse prima di suicidarsi. Egli parla della sua curiosità per la dualità dell'uomo, che è composto da bene e male e del suo progetto di "separazione di questi elementi" (p. 75). Ammette di aver preparato una pozione che lo ha trasformato nel suo lato malvagio, Edward Hyde. Poi affitta una casa per Hyde e redige un testamento in suo favore, ma la pozione divenne gradualmente meno efficace. Costretto ad aumentare la dose per rimanere come Jekyll, diventa sempre più malato e vecchio. Sentiva l'odio di Hyde nei suoi confronti e la paura della morte. Non riuscendo più a trovare uno degli ingredienti necessari per preparare la pozione, decise di uccidersi in modo che Hyde non avesse alcuna possibilità di sopravvivere.

STUDIO DEI PERSONAGGI

SIGNOR UTTERSON

Utterson è il primo personaggio che Stevenson introduce. L'autore lo presenta come un uomo tranquillo e strano, pieno di contraddizioni: "freddo, scarno e imbarazzato nei discorsi; arretrato nei sentimenti", ma anche "in qualche modo amabile"; "gli piaceva il teatro", ma "non ne aveva varcato le porte per vent'anni" (p. 3).

È il modello stesso di gentiluomo vittoriano, austero, serio e intelligente: "Era sua abitudine la domenica, quando il pasto era finito, sedersi vicino al fuoco, con un volume di qualche divinità asciutta sulla scrivania di lettura, fino a quando l'orologio della chiesa vicina suonava l'ora di mezzogiorno, quando andava sobriamente e con gratitudine a letto" (p. 12).

Nonostante il suo aspetto misantropo, dimostra un notevole calore e compassione in risposta alla sofferenza e al dolore dei suoi amici Lanyon e Jekyll. È anche motivato dalla giustizia, poiché vuole che Hyde sia punito a tutti i costi per i suoi crimini.

È il filo conduttore che unisce tutti gli altri personaggi (e anche l'avvocato incaricato di redigere i testamenti della maggior parte dei suoi amici). Questi ultimi finiscono per confidargli tutte le loro storie. Diventa, così, una sorta di Sherlock Holmes per svelare il mistero che avvolge la relazione tra il suo amico Dr Jekyll e il signor Hyde.

DOTTOR JEKYLL

Questo medico, affascinato dalla chimica, il cui volto ha "un che di sornione forse, ma ogni segno di capacità e gentilezza" (p. 23), comincia gradualmente ad allontanarsi dagli amici e a vivere in solitudine nella sua lussuosa casa. La sua vera identità, ciò che vuole fare e le sue preoccupazioni sono rivelate nel capitolo finale.

Fin dalla giovinezza ha sentito dentro di sé una doppia natura: un lato positivo e uno negativo. Poiché sperimentava entrambi gli stati con lo stesso piacere, decide di separare fisicamente le due componenti del suo essere con l'aiuto di una pozione che è riuscito a realizzare. Rappresenta, quindi, lo scienziato che usa la scienza per le cose sbagliate, ma, proprio come l'apprendista stregone, a un certo punto non riesce più a controllare gli effetti della pozione: col tempo, Jekyll inizia a trasformarsi in Hyde anche senza assumere la pozione. Verrà anche punito per le sue azioni, che sono quasi empie, un peccato di orgoglio: infatti, come un dio, ha diviso due parti che costituivano un tutto, sul modello della separazione di Adamo ed Eva. Deve, quindi, sacrificarsi per liberarsi del male incarnato del signor Hyde.

Questo personaggio fa riferimento al manicheismo, una religione basata su una dualità strettamente opposta dei concetti di bene e male. È, quindi, un personaggio composto da diverse parti, che ci ricorda i manichei, gli alchimisti del Medioevo (per esempio, l'oscura storia di Gilles de Rais, un amico di Giovanna d'Arco, che l'alchimia e la magia nera portarono a commettere i crimini più terribili) e gli scienziati moderni, che a volte portano le loro ricerche estremamente lontano (la clonazione, per esempio).

IL SIGNOR HYDE

Questo personaggio è l'incarnazione del male, che si rivela sia attraverso le sue azioni (crimini e violenza) sia attraverso il suo aspetto fisico: "pallido e nano", ha un "sorriso antipatico" e dà "un'impressione di deformità senza alcuna malformazione nominabile" (p. 19). Come spiega l'autore, "[l'e]viltà [...] aveva lasciato su quel corpo un'impronta di deformità e decadenza" (p. 78).

Provoca sentimenti di paura e orrore in chi lo guarda. Come le tradizionali rappresentazioni iconografiche e letterarie del male, non può che essere disgustoso.

Egli è altamente simbolico, non solo perché è l'incarnazione del male, nel senso religioso del termine (estratti dalla confessione di Jekyll: "Dichiaro, almeno davanti a Dio, che nessun uomo moralmente sano di mente avrebbe potuto macchiarsi di quel crimine con una provocazione così pietosa"; "All'istante lo spirito dell'inferno si risvegliò in me e si infuriò", p. 86), ma anche perché rappresenta tutti gli uomini. Ci ricorda l'ansia indefinibile, la paura degli altri, di sé stessi o dell'ignoto, l'amore per la dissolutezza o la tentazione della violenza che può travolgere chiunque in qualsiasi momento, ma, in quanto incarnazione del male, ci ricorda soprattutto il "lato letale dell'uomo" (p. 78), secondo Jekyll.

Questo personaggio è, per molti versi, un'innovazione nella serie di testi dedicati alla dualità e allo sdoppiamento della personalità, poiché, per la prima volta in un'opera letteraria, il doppio, in questo caso il lato malvagio, esiste fisicamente ed è percepito da tutti (Brunel, 1998: 516).

RICHARD ENFIELD

Enfield è un rappresentante della società vittoriana (elegante, calmo, con un senso della giustizia, un "uomo noto in città", p. 4), importante in quanto, all'inizio del testo, è lui a raccontare a Utterson dell'esistenza e delle malefatte di Hyde. È, quindi, lui a scatenare il desiderio di Utterson di risolvere il crimine.

Fa una significativa ricomparsa quando si presenta alla finestra di Jekyll con Utterson. Jekyll lo riconosce come testimone dell'aggressione di Hyde a una ragazza e si nasconde, spaventato. Enfield agisce, quindi, in un certo senso come coscienza di Jekyll.

DOTTOR LANYON

Questo medico, innamorato della sua professione, rappresenta lo scienziato che non cede alla tentazione (vista quasi come un'eresia) di sfruttare le proprie capacità e conoscenze per perseguire scopi che contraddirebbero il senso nobile della sua professione.

È l'opposto del dottor Jekyll, in quanto rappresenta il medico che rimane fedele alla sua missione. Questo è evidente non appena Lanyon diventa il messaggero e il confessore di Jekyll. È l'immagine opposta (e quindi positiva) di Jekyll scienziato nel momento della sua trasformazione in Hyde.

Questo segreto è troppo grande da sopportare per Lanyon, che muore come una vittima sacrificale dopo essere stato iniziato a un rituale malvagio.

POOLE

Poole è il maggiordomo di Jekyll e funge da guardiano del passaggio tra due mondi: quello della realtà e della normalità e quello dei misteri del suo padrone. È l'immagine del servo devoto al suo padrone e rispettoso verso gli altri, ma è anche molto preoccupato per il destino dell'uomo che serve: è lui a dare l'allarme su ciò che sta accadendo nel gabinetto di Jekyll e a sentire che Jekyll si sta perdendo nella morsa di qualcun altro.

ANALISI

IL *FANTASTIQUE*

In questo testo, Stevenson sviluppa una forma del genere *fantastique* (una sovrapposizione di fantascienza, horror e fantasy) che si attiene alle linee guida del *fantastique* tradizionale: si tratta dell'apparizione improvvisa di un personaggio che incarna il male, il soprannaturale, che non lascia tracce e per il quale non c'è spiegazione. Egli suscita l'inquietudine degli altri personaggi e dei lettori.

Il *fantastique* evolve verso la categoria della fantascienza con l'introduzione di diverse spiegazioni razionali degli eventi: Jekyll ha inventato una pozione che gli permette di trasformarsi dal suo lato positivo a quello negativo e viceversa. Anche il lavoro investigativo svolto da Utterson contribuisce alla razionalizzazione della storia, conferendole persino un'aria da crime fiction.

Nonostante anni di ricerche, però, non è la competenza del dottor Jekyll a permettergli di realizzare questa pozione, ma il caso: deve aver utilizzato un ingrediente non del tutto puro a seguito di un incidente durante la sua preparazione da parte dei chimici.

Questo tentativo di spiegazione scientifica non influenza radicalmente il carattere fantastico della novella, che rimane essenziale per il ricco simbolismo di Hyde.

Il mistero continua: anche una volta conosciuta la storia della pozione, ci chiediamo cosa sia successo a Jekyll quando è apparso Hyde. Il corpo di Jekyll è diventato Hyde, ma cosa è rimasto del suo lato positivo e spirituale?

DUALITÀ, SDOPPIAMENTO DELLA PERSONALITÀ E METAMORFOSI

La dualità (caratteristica di ciò che è doppio in sé, suscettibile di due interpretazioni), lo sdoppiamento della personalità (convinzione del soggetto dell'esistenza, simultanea o meno, di due esseri separati che vivono ciascuno la propria vita e sono reciprocamente inconsapevoli l'uno dell'altro [Morfeux e Lefranc, 2007: 118 e 146] e la metamorfosi (cambiamento di forma, natura o struttura al punto che l'essere o l'oggetto è irriconoscibile) sono le tre fasi di una progressione tripartita:

- In primo luogo, Jekyll prende coscienza della sua dualità ("Ero già impegnato in una profonda duplicità di vita", p. 73);

- Ha poi un'esperienza peculiare di sdoppiamento della personalità ("Non ero più me stesso quando mettevo da parte i freni e mi immergevo nella vergogna, di quando mi impegnavo, alla luce del sole, a promuovere la conoscenza o ad alleviare il dolore e la sofferenza", p. 74);

- Infine, ha le sue metamorfosi (inizialmente per sua scelta, poi involontariamente) da Jekyll a Hyde e viceversa.

È solo grazie a questa metamorfosi che Jekyll pensa di poter vivere onestamente, seguendo le norme della società, nel senso che i due lati della sua natura, essendo separati, possono essere puri e vivere pienamente secondo le proprie nature, senza che il comportamento di uno abbia conseguenze sull'altro: "l'aspetto [di Hyde] sembrava più espresso e singolo di quello imperfetto e diviso che ero stato abituato a chiamare mio"; "Edward Hyde, solo tra le fila dell'umanità, era il male puro" (p. 78).

La dualità è uno stato che si manifesta naturalmente, senza l'intervento di Jekyll, sotto forma di sdoppiamento della personalità. La metamorfosi di Jekyll in Hyde, con questa scissione portata fino alla separazione fisica dei suoi due componenti, è il modo razionale e volontario di sperimentare questa dualità e di trovare una soluzione. È una sorta di intervento umano nella natura delle cose.

SOCIETÀ LONDINESE

Oltre al suo carattere fantastico, questa novella è anche realista. Nel corso del racconto si dipana una chiara immagine della società londinese. È una società piuttosto rigida, ordinata e conformista, in cui le classi sociali esistono ancora:

- L'espressione "uomo di città" viene utilizzata più volte;

- Il rituale di Utterson di leggere la Bibbia e poi andare a letto con calma è tipico dell'epoca;

- Lanyon, Utterson ed Enfield sono inorriditi dai peccati e dalle scoperte scientifiche di Jekyll e Hyde;

- I ricchi personaggi Utterson ed Enfield passeggiano per le strade dei quartieri popolari di Londra, dove "gli abitanti se la passano tutti bene, a quanto pare, e sperano tutti di fare ancora meglio" (p. 4).

Oltre a scrivere perfettamente testi fantastici, Stevenson era anche uno scrittore realista. Era un sognatore che viveva in una società estremamente rigida. Evadeva sia spiritualmente, attraverso la sua letteratura, sia nella realtà, grazie ai suoi viaggi attraverso il mondo.

ULTERIORI RIFLESSIONI

ALCUNE DOMANDE SU CUI RIFLETTERE...

• Confrontate e descrivete il dottor Jekyll e il dottor Lanyon. Che tipo di scienziato rappresenta ciascuno di loro? Pensate che questi due tipi di scienziati esistano davvero oggi? Fornite esempi a sostegno della vostra risposta.

• Il personaggio del dottor Jekyll fa riferimento alla teoria del manicheismo. Spiegate di cosa si tratta.

• Dualità, sdoppiamento della personalità e metamorfosi sono le tre fasi dell'evoluzione del dottor Jekyll. Commentate ciascuna di queste fasi.

• L'interpretazione cristiana della dualità dell'essere è la stessa del dottor Jekyll? Adotta il comportamento che il cristianesimo consiglia in risposta a questa dualità?

• In che misura quest'opera appartiene al genere *fantastique*? Come possiamo dire che il *fantastique* di Stevenson è tradizionale?

• Questa novella, pur appartenendo al genere *fantastique*, è anche molto realista. Evidenziate gli elementi che lo dimostrano. Perché, secondo voi, Stevenson inserisce elementi realisti nella sua storia?

• Questa storia presenta anche alcune caratteristiche di un romanzo poliziesco? Sostenete la vostra risposta con esempi tratti dal testo.

- Immaginate che il dottor Jekyll sia sopravvissuto e che il suo essere sia diventato di nuovo completo (composto dai suoi lati positivi e negativi). Credete che debba essere giudicato per i crimini commessi dal signor Hyde?

- Secondo voi, cos'è che ha fatto e continua a fare il successo di quest'opera? Che cosa attrae o commuove il pubblico de *"Lo strano caso del dottor Jekyll e del signor Hyde"*?

ULTERIORI LETTURE

EDIZIONE DI RIFERIMENTO

Stevenson, R. L. (2003) *Lo strano caso del dottor Jekyll e del signor Hyde*. Londra: Penguin Classics.

STUDI DI RIFERIMENTO

Brunel, p. (1988) *Dictionnaire des mythes littéraires*. Parigi: Éditions du Rocher.

Morfeux, L. e Lefranc, J. (2007) *Nouveau Vocabulaire de la philosophie et des sciences humaines*, Paris: Armand Colin.

Van Gorp, H. et al. (2001) *Dictionnaire des termes littéraires*. Parigi: Honoré Champion.

Vogliamo sapere da voi!
Lasciate un commento sulla vostra biblioteca online
e condividete i vostri libri preferiti sui social media!

Perché scegliere Must Read?

Scoprite tutto quello che c'è da sapere su un libro, con i nostri riassunti e le nostre analisi concise e approfondite!

Scoprite il meglio della letteratura sotto una luce completamente nuova!

www.50minutes.com

www.50minutes.com

Master ISBN: 9782808690324
ISBN cartaceo: 9782808611725
Deposito legale: D/2023/12603/1452

Copertura: © Primento

Concezione digitale a cura di Primento, il partner digitale degli editori.